essentials

Essentials liefern aktuelles Wissen in konzentrierter Form. Die Essenz dessen, worauf es als „State-of-the-Art" in der gegenwärtigen Fachdiskussion oder in der Praxis ankommt. Essentials informieren schnell, unkompliziert und verständlich

- als Einführung in ein aktuelles Thema aus Ihrem Fachgebiet
- als Einstieg in ein für Sie noch unbekanntes Themenfeld
- als Einblick, um zum Thema mitreden zu können

Die Bücher in elektronischer und gedruckter Form bringen das Expertenwissen von Springer-Fachautoren kompakt zur Darstellung. Sie sind besonders für die Nutzung als eBook auf Tablet-PCs, eBook-Readern und Smartphones geeignet.

Essentials: Wissensbausteine aus den Wirtschafts, Sozial- und Geisteswissenschaften, aus Technik und Naturwissenschaften sowie aus Medizin, Psychologie und Gesundheitsberufen. Von renommierten Autoren aller Springer-Verlagsmarken.

Dietmar Sternad

Strategieentwicklung kompakt

Eine praxisorientierte Einführung

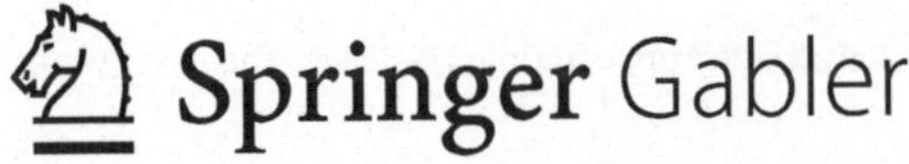

FH-Prof. Dr. Dietmar Sternad
Fachhochschule Kärnten
Villach
Österreich

ISSN 2197-6708 ISSN 2197-6716 (electronic)
essentials
ISBN 978-3-658-10366-8 ISBN 978-3-658-10367-5 (eBook)
DOI 10.1007/978-3-658-10367-5

Die Deutsche Nationalbibliothek verzeichnet diese Publikation in der Deutschen Nationalbibliografie; detaillierte bibliografische Daten sind im Internet über http://dnb.d-nb.de abrufbar.

Springer Gabler

Gedruckt auf säurefreiem und chlorfrei gebleichtem Papier

Springer Fachmedien Wiesbaden ist Teil der Fachverlagsgruppe Springer Science+Business Media (www.springer.com)

Was Sie in diesem Essential finden können

- Einen kompakten Überblick über die wesentlichen Schritte eines Strategieentwicklungsprozesses.
- Eine Auswahl von Werkzeugen zur strategischen Unternehmens- und Umfeldanalyse.
- Eine Anleitung zur systematischen Herangehensweise an strategische Fragestellungen.
- Hinweise zur Entwicklung und Auswahl strategischer Optionen.
- Empfehlungen zur Planung und Umsetzung strategischer Initiativen.

Inhaltsverzeichnis

Einleitung 1

„Nicht der Wind, sondern das Segel bestimmt die Richtung“, sagt ein chinesisches Sprichwort. Das „Segel“ so zu setzen, damit man ein Unternehmen in einem sich ständig ändernden Umfeld auf dem richtigen Kurs bringt und hält, um die Zukunft erfolgreich meistern zu können, ist die Aufgabe der **Strategieentwicklung**. Es geht dabei um die Suche nach dem besten Weg zur Weiterentwicklung eines Unternehmens. Nicht jede Strategie entsteht im Rahmen eines strukturierten Strategieentwicklungsprojektes. Viele kleinere und größere Entscheidungen können auch über die Zeit hinweg in Summe eine strategische Ausrichtung ergeben. Dennoch macht es Sinn, Strategieentwicklung auch als einen strukturierten Prozess zu sehen, bei dem sich die Unternehmensführung bewusst Zeit nimmt, um das eigene Unternehmen und sein Umfeld aus verschiedenen **Perspektiven** heraus zu betrachten (z. B. mit dem Blick „nach hinten“ auf das, was in der Vergangenheit gut und was weniger gut funktioniert hat; „nach vorne“ auf die Trends und möglichen Entwicklungen und Szenarien; „von oben“, um statt den Details im täglichen Geschäft die großen Zusammenhänge zu sehen; „zur Seite“, um die Mitbewerber und ihre Strategien besser kennenzulernen; oder mit dem Blick „darüber hinaus“, um zu überlegen, wie man die Zukunft gestalten könnte) (Mintzberg et al. 2005, S. 126 ff.). Durch das umfassende Bild, das man durch einen Strategieentwicklungsprozess über die Situation des Unternehmens, über Chancen und Bedrohungen in der Umwelt und über Entwicklungsmöglichkeiten gewinnen kann, steigt die Chance, die richtigen strategischen Entscheidungen für eine erfolgreiche zukünftige Entwicklung des Unternehmens zu treffen.

Der Strategieentwicklungsprozess, wie er in diesem Essential Schritt für Schritt dargestellt wird, ist aber nicht nur ein **strukturierter Denkprozess**, in dem Analysewerkzeuge zum Einsatz kommen, die zu einer logisch begründeten langfristigen Ausrichtung des Unternehmens führen sollen. Es handelt sich dabei auch um einen **sozialen Prozess**, der von Menschen initiiert, gestaltet und ausgeführt

D. Sternad, *Strategieentwicklung kompakt,* essentials,
DOI 10.1007/978-3-658-10367-5_1

wird. Damit spielen insbesondere auch Macht- und Einflussstrukturen eine Rolle, da strategische Entscheidungen immer auch Entscheidungen über die zukünftigen Prioritäten und damit auch über die zukünftige Ressourcenverteilung innerhalb eines Unternehmens sind. In einem Strategieentwicklungsprozess geht es daher nicht immer nur um die optimale Ausrichtung eines Unternehmens in seinem Wettbewerbsumfeld, sondern auch um persönliche Interessen der direkt und indirekt Beteiligten und Betroffenen. Das sollte immer mit berücksichtigt werden, wenn man mit objektiv anmutenden Strategiewerkzeugen arbeitet, die dennoch oft viel Spielraum für subjektive Einschätzungen offen lassen.

Worum geht es nun bei der Strategieentwicklung? Zunächst einmal darum, **Entscheidungen** zu treffen, die dabei helfen, Chancen im Umfeld wahrzunehmen und mit Hilfe der speziellen Fähigkeiten des eigenen Unternehmens Wettbewerbsvorteile zu erzielen. Es geht aber auch darum, die **Einflussfaktoren auf den Unternehmenserfolg** besser verstehen zu lernen und dafür zu sorgen, dass entsprechende **Erfolgspotenziale** für die Zukunft geschaffen werden. Schließlich geht es auch um das Erzählen einer „**Geschichte**" davon, was aus dem Unternehmen einmal werden könnte. Eine spannende Geschichte über eine positive Zukunft kann jene Anziehungskraft entwickelt, die Mitarbeiter/innen, Kunden, Kapitalgeber oder andere Anspruchsgruppen dazu bringt, sich für das Unternehmen und seine Ziele einzusetzen.

Dieses Essential gibt einen kompakten Überblick über die einzelnen Phasen des Strategieentwicklungsprozesses. Es stellt häufig angewandte Werkzeuge für die Strategiearbeit dar, erhebt dabei aber keinen Anspruch auf Vollständigkeit. Mindestens ebenso wichtig wie der Einsatz von komplexen Managementwerkzeugen ist es, die richtigen Fragen zu stellen, verschiedene Optionen für die zukünftige Entwicklung des Unternehmens zu entwerfen und eine gute Diskussion darüber zu führen, welches die richtige Richtung sein kann, um die Marktchancen bestmöglich zu nutzen und das Unternehmen in eine erfolgreiche Zukunft zu führen.

Strategie und Strategieentwicklung 2

Im Rahmen des strategischen Managements beschäftigt sich die Führungsebene eines Unternehmens systematisch damit, welche langfristigen Ziele ihr Unternehmen anstreben soll und wie diese Ziele erreicht werden können. Beides – das Setzen von grundlegenden Unternehmenszielen und das Treffen von Entscheidungen über die Wege zur Zielerreichung – sind wesentliche Bestandteile der Strategiearbeit.

2.1 Was ist eine Strategie?

Der Begriff „**Strategie**" kommt ursprünglich aus dem militärischen Bereich (abgeleitet vom altgriechischen *stratēgós* = *Bezeichnung eines Amtes in der oberen Heerführung*). In einem wirtschaftlichen Kontext wird damit oft eine planmäßige Vorgangsweise zur Erreichung langfristiger Unternehmensziele beschrieben.

Eine solche Begriffsdefinition greift aber zu kurz, da sie nicht berücksichtigt, dass nicht alle Entscheidungen, welche die Entwicklung eines Unternehmens wesentlich und langfristig beeinflussen, planbar sind. Der kanadische Managementprofessor Henry Mintzberg, der Strategie als „ein Muster in einem Strom von Entscheidungen" (*engl.* „a pattern in stream of decisions" (Mintzberg 1978, S. 934)) definiert, hat darauf hingewiesen, dass tatsächlich realisierte Strategien meist eine Kombination aus bewusst geplanten strategischen Initiativen und solchen, die einfach aus den Anforderungen des Geschäftes heraus „entstehen", darstellen (Mintzberg unterscheidet hier zwischen „*deliberate strategies*" und „*emergent strategies*") (Mintzberg & Waters, 1985).

In einem weiteren Sinne umfasst der Begriff Strategie zudem nicht nur die **Vorgangsweise zur Zielerreichung**, sondern auch den **Prozess der Zielsetzung** selbst. Es geht also darum, dem Unternehmen Richtung zu geben, was sowohl

D. Sternad, *Strategieentwicklung kompakt*, essentials,
DOI 10.1007/978-3-658-10367-5_2

langfristige Ziele als auch die grundsätzliche Herangehensweise zu deren Erreichung umfasst. Ein Hauptziel eines Unternehmens ist es üblicherweise, für bestimmte Personengruppen (z. B. Kunden und Eigentümer) Wert zu schaffen. Unternehmen schaffen Wert, indem sie ihre Ressourcen und Fähigkeiten zielgerichtet und effizient einsetzen, um Chancen, die sich in ihrem Umfeld ergeben, zu nutzen, ohne sich dabei zu hohen Risiken auszusetzen.

Zusammenfassend können wir damit eine Strategie definieren als ein **in sich schlüssiges Konzept für die Weiterentwicklung eines Unternehmens, bestehend aus Entscheidungen über die langfristige Ziele und Initiativen zu deren Erreichung mit dem Zweck, unter optimaler Nutzung der Ressourcen und Fähigkeiten des Unternehmens in einem sich ändernden Umfeld Wert zu schaffen.**

Man unterscheidet dabei zwischen einer **Geschäfts- bzw. Geschäftsfeldstrategie**, bei der es um Fragen der langfristigen Ausrichtung im Wettbewerb in einer bestimmten Produkt-Markt-Kombination geht (bzw. um das Erzielen von Wettbewerbsvorteilen in diesem Kontext), und einer **Gesamtunternehmensstrategie**, bei der es um die Festlegung der generellen Stoßrichtung eines Unternehmens geht, welches verschiedene Geschäftsfelder umfasst.

2.2 Der Prozess der Strategieentwicklung

Die tatsächlich realisierte Strategie eines Unternehmens ist wie bereits festgestellt nicht immer in allen Details planbar. Dennoch hat eine **systematische Vorgangsweise** bei der Entwicklung von Strategien den Vorteil, dass sie das Management dazu anhält, bewusst und strukturiert über wesentliche Einflussfaktoren auf den Erfolg eines Unternehmens nachzudenken und aufbauend auf einer sorgfältigen Analyse der Situation im Unternehmen und seinem Umfeld schlüssige Entwicklungsschritte zu erarbeiten.

Die Entwicklung von Strategien ist eine der Hauptaufgaben der obersten Führungsebene eines Unternehmens in Erfüllung ihrer Verpflichtung, dessen langfristige Existenzsicherung sicherzustellen (Mussnig et al. 2007). Abhängig davon, welche Fach- und Marktkenntnisse bei der Strategieentwicklung erforderlich sind und wie die Wichtigkeit der Partizipationsmöglichkeit für das Engagement von Führungskräften eingeschätzt wird, werden oft auch Mitglieder der zweiten oder dritten Führungsebene in ein **Strategieentwicklungsteam** eingeladen. Zu beachten ist dabei, dass a) zu große Entwicklungsteams zu Effizienzverlusten führen können (Erfahrungswerte sprechen für ein Maximum von 7 bis 8 Mitgliedern), b) alle Teammitglieder bei allen Strategiesitzungen dabei sind und c) für alle Teammitglieder entsprechende Zeitressourcen vorgesehen sind, um sich neben dem Tagesgeschäft auch intensiv der Strategiearbeit widmen zu können (Mussnig et al. 2007).

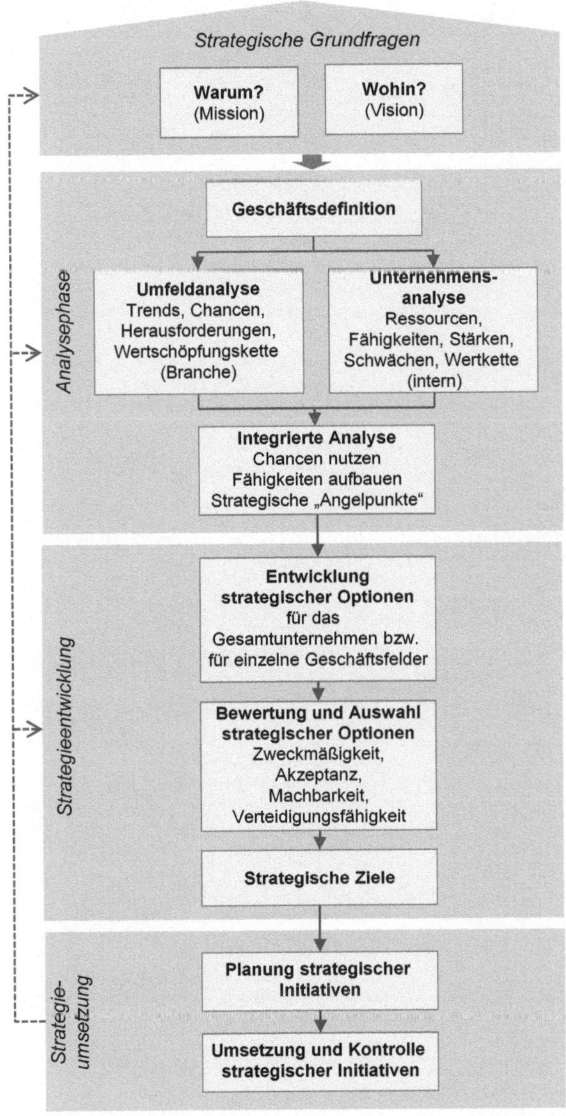

Abb. 2.1 Der Strategieentwicklungsprozess im Überblick. (Quelle: Autor)

In Abb. 2.1 wird der **Ablauf eines idealtypischen Strategieentwicklungsprozesses** dargestellt. Im Folgenden werden die einzelnen Schritte dieses Prozesses näher erläutert.

3 Strategische Grundfragen

Während des gesamten Strategieentwicklungsprozesses sollte die Unternehmensführung zwei strategische Grundfragen nie aus dem Auge verlieren: „Wozu gibt es unser Unternehmen?“ (**Mission**) und „Wie sieht unser Unternehmen in der (fernen) Zukunft idealerweise aus?“ (**Vision**). Es macht durchaus Sinn, sich diese Fragen gleich zu Beginn des Strategieentwicklungsprozesses zu stellen, um der Strategiearbeit einen grundsätzlichen Orientierungsrahmen zu geben. Andererseits kann es sein, dass sich die Antworten auf diese Fragen im Lichte neuer Erkenntnisse während des Entwicklungsprozesses immer wieder verändern, so dass es zu empfehlen ist, die anfangs festgelegten Positionen auch während des fortschreitenden Prozesses immer wieder zu hinterfragen.

Mission und Vision werden oft als Teil eines **Unternehmensleitbildes** gesehen. Solche Leitbilder werden häufig dafür kritisiert, dass sie oft nicht mit der gelebten Unternehmenspraxis übereinstimmen oder lediglich Allgemeinplätze enthalten. Beides sollte natürlich vermieden werden. Trotzdem stellen eine eindeutige Definition der **Daseinsberechtigung des Unternehmens (Mission)** und die **Formulierung eines klaren Zukunftsbildes (Vision)** wesentliche Bestandteile der Strategiearbeit dar, da sie **Sinn stiften** und **Orientierung geben** und sowohl beim Strategieentwicklungsteam als auch bei allen Mitgliedern der Organisation **positive Energien** freisetzen können (Mussnig und Granig 2007). Zudem können alle strategischen Entscheidungen daraufhin überprüft werden, ob sie dabei helfen, die Mission zu erfüllen bzw. der Vision einen Schritt näher zu kommen.

Eine wirksame Formulierung von Mission und Vision sollte möglichst kurz und einprägsam sein, vage Formulierungen und austauschbare Banalitäten vermeiden und sowohl für die Mitarbeiter/innen des Unternehmens als auch für externe Anspruchsgruppen eine positive Wirkung erzeugen.

D. Sternad, *Strategieentwicklung kompakt,* essentials,
DOI 10.1007/978-3-658-10367-5_3

Beispiele Mission

- „Unser Anspruch ist es, Großes möglich zu machen. Mit unseren forschungsbasierten Spezialitätengeschäften helfen wir Patienten, Kunden, Partnern und unserem Umfeld überall auf der Welt, ein besseres Leben zu leben. Wir schaffen unternehmerischen Erfolg durch Innovationen." (Merck KGaA)
- „Bring inspiration and innovation to every athlete* in the world (* If you have a body, you are an athlete)" (Nike)
- „Lächeln zaubern." (Tui)

Beispiele Vision

- „Audi zur weltweit führenden Marke im Segment der Premiumautomobile zu entwickeln." (Audi)
- „Wir werden das weltweit führende Mobilitäts- und Logistikunternehmen." (Deutsche Bahn)

Mission und Vision werden üblicherweise auf Gesamtunternehmensebene festgelegt. Dennoch ist es auch für einzelne Geschäftsfelder möglich und sinnvoll, sich die Frage nach ihrer „Mission" im Sinne eines Daseinszwecks innerhalb des Unternehmensverbandes zu stellen. Auch ein positives Bild davon, wohin sich ein Geschäftsfeld in der Zukunft entwickeln könnte (also eine Vision für die Entwicklung des Geschäftsfeldes), kann auf dieser Ebene gezeichnet werden.

4 Die Geschäftsdefinition

Bevor mit der Entwicklung einer Geschäftsfeldstrategie begonnen werden kann, muss zunächst einmal klar festgelegt werden, um welches Geschäft es sich handelt bzw. in welcher **Branche** man tätig ist. Das klingt trivial, ist aber oft nicht so einfach zu definieren. In einem klassischen Artikel in der Harvard Business Review hat Theodore Levitt festgestellt, dass die Eisenbahnen ihre starken Marktanteilsverluste gegenüber anderen Verkehrsmitteln hätten vermeiden können, wenn sie sich nicht als im „Eisenbahngeschäft", sondern im „Transportgeschäft" tätig angesehen hätten (Levitt 1960).

Eine Branchendefinition nur auf ein bestimmtes Produkt bzw. eine bestimmte Dienstleistung zu beschränken, kann also dazu führen, dass man Substitute aus dem Auge verliert, also jene Produkte und Dienstleistungen, die den gleichen Kundennutzen liefern können. Es ist daher sinnvoller, eine **Branche als eine Gruppe von Unternehmen zu sehen, die einen gleichen oder ähnlichen Nutzen für eine bestimmte Kundengruppe schafft**.

Bei der Definition des eigenen Geschäftes bzw. der Branchenzugehörigkeit können folgende Fragen helfen:

1. Für wen schaffen wir Nutzen/Wert? (Kundengruppe/n)
2. Welchen Nutzen/Wert schaffen wir für unsere Kunden? (Wertversprechen)
3. Wer kann sonst noch diesen Nutzen/Wert schaffen (mit der gleichen Leistung oder einem Substitut)?

Während eine Geschäftsdefinition nicht zu eng ausfallen sollte, um die Gefahr von Substitutionsprodukten nicht zu unterschätzen, sollte sie aber auch nicht so weit gefasst sein. Kundengruppen, Produkt- und Dienstleistungsangebote und geografische Regionen müssen noch klar identifizierbar sein, um das Durchführen

D. Sternad, *Strategieentwicklung kompakt,* essentials,
DOI 10.1007/978-3-658-10367-5_4

strukturierter Analysen und das Setzen zielgerichteter strategischer Initiativen zu ermöglichen (Porter 2008).

Viele Unternehmen sind in mehreren Branchen tätig. In diesem Fall sollte für jedes Geschäftsfeld eine klare Geschäfts- und Branchenzugehörigkeitsdefinition gemacht werden.

Die Analysephase 5

Ziel der strategischen Analyse ist es, eine realistische Einschätzung der Situation des eigenen Unternehmens in einem sich ändernden Wettbewerbsumfeld zu erzielen. Dabei geht es um eine möglichst umfassende Bewertung der Chancen und Bedrohungen, die sich aus dem Umfeld ergeben und der Ressourcen, Fähigkeiten, Stärken und Schwächen des eigenen Unternehmens. Die Schlussfolgerungen, die aus der Verbindung der Umfeldanalyse mit der Unternehmensanalyse gezogen werden können, bilden die Basis für die weitere Erarbeitung der strategischen Optionen.

5.1 Die Umfeldanalyse

Die externe Analyse oder Umfeldanalyse beschäftigt sich damit, einen Überblick über die für das Unternehmen relevanten Entwicklungen sowohl in der **Branche** als auch in der **weiteren Umwelt** zu verschaffen. Informationen dafür lassen sich in Branchenmedien oder veröffentlichten Statistiken finden, vor allem aber auch durch die Einbindung von Expert/innen im jeweiligen Interessensfeld (z. B. in Form von Interviews oder Vorträgen im Rahmen einer Strategiesitzung). Die Qualität der Analyse hängt dabei immer auch stark von der Qualität der Fragen ab, die man stellt. Im Folgenden werden einige Kernfragen der externen Analyse behandelt.

Wie attraktiv ist die Branche, in der mein Unternehmen tätig ist? Die Chancen, in einem Geschäftsfeld Wert schaffen zu können, hängen stark davon ab, welche Möglichkeiten eine bestimmte Branche generell bietet. Eine Ersteinschätzung der Attraktivität einer Branche kann man erzielen, indem man Marktgröße, die Konkurrenzsituation und das Marktwachstum bzw. die Phase im Branchenlebens-

D. Sternad, *Strategieentwicklung kompakt*, essentials,
DOI 10.1007/978-3-658-10367-5_5

zyklus (befindet sich die Branche in im Aufbau, in einer Wachstumsphase, in einer Phase der Sättigung oder des Niedergangs) einschätzt. Ein Instrument zur systematischen Analyse der Branchenattraktivität ist die das **„Fünf-Kräfte-Modell"** (*engl.* five forces) von Harvard-Professor Michael Porter. Porter geht davon aus, dass die Attraktivität einer Branche im Wesentlichen von fünf **Wettbewerbskräften** bestimmt wird (Porter 1980, 2008):

a. Die *Intensität der Rivalität* unter den bestehenden Anbietern;
b. Die *Bedrohung durch neue Anbieter* gleicher Leistungen, die vor allem dann gegeben ist, wenn es geringe Zugangsschranken zu diesem Geschäft gibt;
c. Die *Verhandlungsstärke der Lieferanten*, welche besonders hoch ist, wenn es sehr wenige, große Lieferanten gibt;
d. Die *Verhandlungsstärke der Kunden*, welche besonders hoch ist, wenn es sehr wenige, große Kunden gibt;
e. Die *Bedrohung durch Substitute* – Produkte und Dienstleistungen, die den gleichen Kundennutzen versprechen.

Je höher jede dieser Wettbewerbskräfte ist, desto schwieriger ist es üblicherweise, in dieser Branche nachhaltige Wettbewerbsvorteile zu erzielen; desto unattraktiver ist also die Branche.

Wie sieht die Wertschöpfungskette in unserer Branche aus? Um die ökonomische Logik einer Branche zu verstehen, sollte man sich ein Bild davon machen, welche Unternehmen an der gesamten Wertschöpfungskette (oder Lieferkette, *engl.* supply chain) von den Rohstoff- und Materiallieferanten bis hin zum Endkunden beteiligt sind. Durch eine Analyse der Deckungsbeiträge (Margen) und der durchschnittlichen Renditen lässt sich die Attraktivität bestimmter Wertschöpfungsstufen analysieren. Ein Beispiel für die Analyse eines Teils der Wertschöpfungskette in der Uhrenbranche ist in Abb. 5.1 dargestellt.

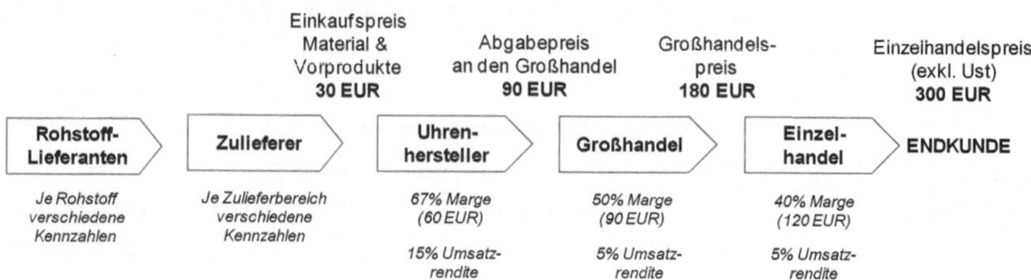

Abb. 5.1 Analyse eines Teils der Wertschöpfungskette in der Uhrenbranche. (Quelle: Autor)

Welche Trends im weiteren Umfeld können unser Geschäft beeinflussen? Das klassische Instrument zur Identifikation relevanter Trends im weiteren (Makro-) Umfeld des Unternehmens ist die sogenannte PEST-Analyse. PEST steht dabei für die englischen Wörter „Political-legal" (Entwicklungen im politisch-rechtlichen Bereich), „Economic" (Entwicklungen im gesamtwirtschaftlichen Umfeld), „Socio-cultural" (sozio-kulturelle Einflussfaktoren) und „Technological" (technologische Entwicklungen). In letzten Jahren hat noch ein zusätzliches E, „Environmental" (Themen des Umweltschutzes bzw. der Ökologie) an Bedeutung gewonnen. Tabelle 5.1 enthält eine nicht abschließende Übersicht möglicher Themenfelder für die PEST[E]-Analyse.

Welche Trends in unserer Branche können unser Geschäft beeinflussen? Neben der Identifikation der Trends im weiteren Umfeld ist im Rahmen der strategischen Analyse auch eine sorgfältige Auseinandersetzung mit den Entwicklungen in der eigenen Branche wichtig. Dabei geht es einerseits um die Sichtung und kritische Reflexion von Marktdaten (Marktgröße, Marktwachstum, Beschäftigungslage, Branchentrends), andererseits auch um eine systematische Analyse der wesentlichen Marktteilnehmer (Kunden, Lieferanten, Mitbewerber). Dabei können zum Beispiel folgende Fragen gestellt werden:

1. Kunden:
   - Wer sind unsere aktuellen und potenziellen Kunden? (Zielgruppenanalyse)
   - Gibt es Kundengruppen, die wir bisher noch nicht ansprechen?
   - Was sind die wesentlichen Bedürfnisse der einzelnen Zielgruppen? (Warum kaufen die Kunden unsere Leistungen bzw. die Leistungen anderer Branchenteilnehmer)
   - Wie zufrieden sind die Kunden mit den aktuellen Angeboten der Branche?
   - Ändern sich die Anforderungen der Kunden?
2. Lieferanten:
   - Welches sind die wesentlichen Zulieferprodukte bzw.- dienstleistungen in unserer Branche?
   - Wer sind unsere wichtigsten Lieferanten?
   - Wie sieht die Lieferantenstruktur in unserer Branche aus? (Anzahl, Größe, Wettbewerbssituation und Verhandlungsstärke der Lieferanten)
   - Welche wesentlichen Entwicklungen gibt es bei unseren Lieferanten?
3. Mitbewerber:
   - Wie sieht die Wettbewerbsstruktur in unserer Branche aus? (Anzahl, Größe und Wettbewerbsstärke der Mitbewerber)

Tab. 5.1 Beispiele für PEST[E]-Einflussfaktoren im weiteren Umfeld. (Quelle: Autor)

PEST[E]-Kategorien	Beispiel für zu analysierende Entwicklungen
Politisch-rechtliche Entwicklungen	Stabilität des politischen Systems Internationale Integrationsbestrebungen (z. B. Freihandelszonen) Beziehungen mit anderen Ländern (z. B. Handelsschranken) Relevante aktuelle und geplante politische Initiativen Wirtschafts- und sozialpolitische Maßnahmen Politischer Einfluss auf die eigene Branche Rechtssicherheit Schutz intellektuellen Eigentums Entwicklungen im Arbeitsrecht Entwicklungen im Konsumentenschutzrecht Entwicklungen im Wettbewerbsrecht Entwicklungen im Steuerrecht
Gesamtwirtschaftliche Entwicklungen	Entwicklung der wesentlichen gesamtwirtschaftlichen Indikatoren (Zinssätze, Arbeitslosenrate, Inflation, BIP-Wachstum, Spar- und Investitionsneigung, Export, Inlandskonsum) Einschätzungen zur zukünftigen Konjunkturentwicklung Wechselkurse (aktuelle und erwartete) Abhängigkeit der eigenen Branche von der gesamtwirtschaftlichen Konjunkturentwicklung Verfügbarkeit von Ressourcen Globalisierungstrends
Sozio-kulturelle Entwicklungen	Demografische Entwicklungen Trends im Lebensstil Veränderungen bei Konsumenteneinstellungen und Konsumverhalten Trends bei gesellschaftlichen Werten (z. B. auch in der Arbeitswelt) Trends im Bildungsbereich Einkommensverteilung
Technologische Entwicklungen	Aktueller Stand der technologischen Entwicklung Neue Technologien mit einer potenziellen Auswirkung auf die Branche Revolutionäre Technologieentwicklungen Forschungs- und Entwicklungsinfrastruktur bzw. -initiativen
Entwicklungen im Bereich Umweltschutz/ Ökologie	Ökologische Entwicklungen mit möglichen Auswirkungen auf die Branche Ökologischer Fußabdruck Energienutzung und erneuerbare Energiequellen Umweltschutzrichtlinien

- Aus welchen „strategischen Gruppen“ besteht unsere Branche? (siehe Beispiel)
- Wer sind unsere wesentlichen Mitbewerber? (Wer ist besonders erfolgreich? Warum?)
  Welche Zielgruppen sprechen unsere Mitbewerber (besonders) an?
- Welche Stärken und Schwächen haben unsere Mitbewerber?
- Was wissen wir von den Zielen und strategischen Initiativen des Mitbewerbs?
- Welche strategischen Ziele und Initiativen würden wir setzen, wenn wir Mitbewerber X wären?
- Wer könnte in Zukunft zu einem wichtigen Mitbewerber werden? (mögliche Substitute nicht vergessen)

Beispiel: Strategische Gruppen in der Luftfahrtindustrie

Als „strategische Gruppe“ bezeichnet man Unternehmen, die innerhalb einer Branche eine ähnliche Wettbewerbsstrategie verfolgen. Zum Beispiel gibt es in der europäischen Luftfahrtindustrie die großen „Flagcarrier“ wie Lufthansa oder British Airways, Billigfluggesellschaften wie Ryanair oder easyJet, Regionalfluggesellschaften wie die italienische Air Dolomiti oder die finnische Blue1, Charterfluggesellschaften („Ferienflieger“) und Frachtfluggesellschaften. Die Unternehmen innerhalb einer strategischen Gruppe verhalten sich im Wettbewerb sehr ähnlich (hinsichtlich Preis und Leistungsangebot). In vielen Fällen gibt es Mobilitätsbarrieren zwischen strategischen Gruppen (zum Beispiel durch hohe Investitionen, die für die Erbringung sehr spezieller Angebote getätigt worden sind). Eine Regionalfluglinie ist in ihrer Struktur ebenso wenig darauf ausgerichtet, Interkontinentalflüge anzubieten wie ein „Flagcarrier“ einfach so in eine Billigfluglinie umgewandelt werden kann.

Als Zusammenfassung der Analyse des weiteren Umfelds und des Branchenumfelds sollte das Strategieentwicklungsteam die wesentlichen Entwicklungen, welche eine Auswirkung auf die zukünftige Geschäftsentwicklung haben könnten, identifizieren und sich die Frage stellen, welche **Chancen** bzw. welche **Herausforderungen** für das eigene Unternehmen mit jeder einzelnen dieser Entwicklungen verbunden sind.

Sollten einzelne Entwicklungen zwar als besonders wichtig eingeschätzt werden, die genaue Entwicklungsrichtung aber nicht vorhersagbar sein, empfiehlt sich der Einsatz der **Szenariotechnik**. Dabei versucht man, mehrere alternative zukünftige Situationen („Szenarien“) möglichst anschaulich zu beschreiben, also zu überlegen, was passieren könnte, wenn die Entwicklung entweder in die eine oder andere Richtung geht. Für die einzelnen Szenarien können dann Eintrittswahrscheinlichkeiten abgeschätzt werden. Nach der späteren Erarbeitung von Optionen für strategische Entwicklungsrichtungen können diese daraufhin geprüft werden, ob es wahrscheinlich ist, dass diese in den jeweiligen Zukunftsszenarien zum Erfolg führen können.

5.2 Die Unternehmensanalyse

Ziel der Unternehmensanalyse (auch „interne Analyse“ genannt) ist es, die strategierelevanten internen Charakteristika eines Unternehmens unter die Lupe zu nehmen. Dabei geht es um die Identifikation von speziellen Ressourcen und Fähigkeiten, die das eigene Unternehmen auszeichnet, um das Verstehen der Wertkette und um die Untersuchung der relativen Stärken und Schwächen gegenüber den Mitbewerbern.

Welche besonderen Ressourcen und Fähigkeiten hat unser Unternehmen? In der Strategieforschung gibt es den sogenannten „Resource-Based View“. Dabei handelt es sich um einen Denkansatz, der davon ausgeht, dass ein Wettbewerbsvorteil vor allem aus den einzigartigen Ressourcen und Fähigkeiten entsteht, die ein Unternehmen von der Konkurrenz unterscheiden. Dabei kann es sich zum Beispiel um finanzielle Ressourcen, Personalressourcen, technologische Ressourcen (z. B. Know-how, Patente), physische Ressourcen (z. B. Maschinen, Gebäude), organisationale Ressourcen (z. B. Informationssysteme, Organisationsstrukturen oder die Unternehmenskultur) oder besonders gute Beziehungen zu Kunden, Lieferanten oder der Politik handeln, aber auch um spezielle Fähigkeiten, mit deren Hilfe aus den vorhandenen Ressourcen effizient und auf die Kundenbedürfnisse abgestimmt Produkte und Dienstleistungen erzeugt werden können. Jene Fähigkeiten, auf denen das Geschäftsmodell des Unternehmens primär aufbaut und mit denen gegenüber der Konkurrenz besonderer Kundennutzen generiert werden kann, nennt man auch **Kernkompetenzen**. Sie definieren, was das Unternehmen gegenüber anderen besonders gut kann.

Jay Barney (1991) hat die sogenannte **VRIN-Methode** mit vier Fragen vorgeschlagen, um herauszufinden, ob bestimmte Ressourcen oder Fähigkeiten dazu geeignet sind, die Basis für einen nachhaltigen Wettbewerbsvorteil darzustellen (siehe auch Tab. 5.2):

1. Hat die Ressource/Fähigkeit einen Wert bzw. Nutzen (*engl.* „valuable“)?
2. Ist die Ressource/Fähigkeit selten (*engl.* „rare“)?

Tab. 5.2 Beispiel für eine VRIN-Analyse. (Quelle: Autor)

Ressource/Fähigkeit	Wert/Nutzen (V)	Seltenheit (R)	Schwer nachahmbar (I)	Schwer ersetzbar (N)
Know-how im Bereich Mechatronik	√	x	x	√
Finanzielle Ressourcen zum Aufbau eines Forschungszentrums	√	x	x	x
Innovationsorientierte Unternehmenskultur	√	√	√	√

3. Ist die Ressource/Fähigkeit schwer nachahmbar (*engl.* „**i**mperfectly imitable")?
4. Ist es schwer bzw. unmöglich, die Ressource/Fähigkeit durch andere zu ersetzen (*engl.* „**n**on-sustitutable")?

Im Rahmen der internen Analyse sollte ein Strategieentwicklungsteam also zunächst die wesentlichen Ressourcen und Fähigkeiten des Unternehmens identifizieren und diese im Anschluss daran einer Überprüfung nach dem VRIN-Modell unterziehen.

Wie sieht die Wertkette des Unternehmens aus?

Die Wertkette (auch interne Wertschöpfungskette genannt) ist ein von Michael Porter entwickeltes Instrument zur Analyse der strategisch bedeutenden wertschöpfenden Tätigkeiten in einem Unternehmen. Porter (1985) unterscheidet dabei zwischen fünf primären Aktivitäten (Eingangslogistik, betriebliche Kernabläufe wie z. B. Produktion bzw. Erbringung der Dienstleistung, Ausgangslogistik, Marketing & Vertrieb und Kundendienst) sowie vier unterstützenden Aktivitäten (Beschaffung, Technologieentwicklung, Personalwirtschaft und Unternehmensinfrastruktur).

Bei der Analyse werden die einzelnen Aktivitäten des Unternehmens entlang der Wertkette zunächst erhoben und – falls entsprechende Informationen verfügbar sind – hinsichtlich Ausgestaltung und Kosten mit jenen der wichtigsten Mitbewerber verglichen. In jedem Fall kann man sich im Rahmen der Strategiearbeit die Frage stellen, ob es effizientere oder hinsichtlich des Kundennutzens bessere Möglichkeiten zur Organisation der jeweiligen Stufe in der Wertkette gibt (z. B. auch durch den Einsatz neuer Technologien oder durch Kooperationen mit externen Partnern). Daraus lassen sich auch mögliche Ansätze zur Differenzierung gegenüber den Mitbewerbern ableiten. Jedenfalls sollte man eine klare Antwort darauf geben können, welche Wertschöpfungsaktivitäten erfolgskritisch sind (entweder hinsichtlich einer angestrebten Kostenführerschaft oder dem Erzielen von Alleinstellungsmerkmalen gegenüber den Konkurrenzanbietern am Markt).

Welche Stärken und Schwächen hat das Unternehmen?

Stärken und Schwächen sind Vorteile oder Nachteile gegenüber den Mitbewerbern in jenen Feldern, die einen Kundennutzen darstellen oder erzeugen können und für die Erreichung der strategischen Ziele wesentlich sind.

Beispiel: Boulevardzeitung

Eine Boulevardzeitung bietet keine detaillierte Analysen weltpolitisch relevanter Entwicklungen. Ist das eine Schwäche gegenüber überregionalen Qualitätszeitungen? Wenn typische Leser/innen von Boulevardzeitungen solche Detailanalysen nicht erwarten, dann ist das für diese strategische Gruppe innerhalb des Zeitungsmarktes nicht wettbewerbsrelevant. Daher handelt es sich in diesem Fall auch um keine strategische Schwäche.

Eine sinnvolle Vorgangsweise zur Analyse von Stärken und Schwächen beginnt mit der Identifikation der wesentlichen Wettbewerbsfaktoren (bzw. **Erfolgsfaktoren**) in einem bestimmten Geschäft, also jene Faktoren in der Leistung für den Kunden einerseits und der Leistungserstellung andererseits, die den vom Kunden wahrgenommenen Nutzen besonders stark beeinflussen. Im nächsten Schritt sollte dann eingeschätzt werden, wie das eigene Unternehmen hinsichtlich dieser Faktoren gegenüber den wichtigsten Konkurrenten abschneidet (oft in Form eines grafischen Stärken-/Schwächen-Profils dargestellt; siehe Abb. 5.2). Dabei sollte berücksichtigt werden, dass es bei vielen Führungskräften die Tendenz gibt, die eigene Leistung besonders gut darzustellen, um sich selbst nicht zu negativ beurteilen zu müssen. Interviews mit (Schlüssel-)Kunden oder mit anderen Branchenteilnehmern können hier dabei helfen, mehr Objektivität herzustellen.

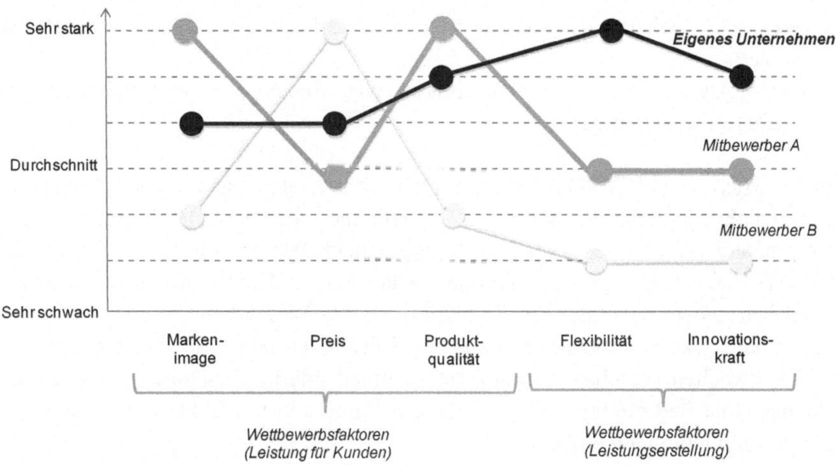

Abb. 5.2 Beispiel für ein Stärken-/Schwächen-Profil. (Quelle: Autor)

5.3 Verbindung der Ergebnisse der Umfeld- und Unternehmensanalyse

In der internen Analyse werden die relativen Stärken und Schwächen des eigenen Unternehmens herausgearbeitet, während im Rahmen der Umfeldanalyse die wesentlichen Chancen und Bedrohungen sichtbar gemacht werden. Um eine gut fundierte Basis für die weitere Entwicklung strategischer Optionen und Ziele zu erhalten, sollten die Ergebnisse der internen und externen Analyse miteinander verbunden werden. In der klassischen Literatur zum strategischen Management ist die sogenannte SWOT-Analyse das dafür am häufigsten genannte Instrument (SWOT steht dabei für die englischen Begriffe „Strengths“, „Weaknesses“, „Opportunities“ und „Threats“).

Im Rahmen einer detaillierten **SWOT-Analyse** werden üblicherweise vier Fragen gestellt:

1. SO – Welche Stärken können wir anwenden, um Chancen zu nutzen?
2. ST – Welche Stärken können wir nutzen, um Bedrohungen entgegenzutreten und Risiken abzuwenden?

3. WO – An welchen Schwächen müssen wir arbeiten, um Chancen besser zu nutzen?
4. WT – An welchen Schwächen müssen wir arbeiten, um uns vor möglichen Gefahren zu schützen?

In der Praxis enden SWOT-Analysen oft in sehr langen Listen von Wörtern und Phrasen ohne jeglicher Priorisierung, was Hill und Westbrook (1997) sogar zu dem Kommentar veranlasste, es sei Zeit für eine „Rückrufaktion" für das Instrument der SWOT-Analyse. Ein weiterer häufiger Fehler bei der Durchführung von SWOT-Analysen neben der fehlenden Reduktion auf das Wesentliche ist die Verwechslung von Stärken und Chancen bzw. von Schwächen und Bedrohungen. Stärken und Schwächen beziehen sich auf unternehmensinterne Zustände, während sich Chancen und Bedrohungen aus vom Unternehmen selbst nicht beeinflussbaren externen Entwicklungen ergeben.

Mussnig et al. (2007a) kritisieren, dass die Entwicklung von SWOT-Strategien für alle vier Handlungsfelder, SO, ST, WO und WT, zwei strategischen Grundprinzipien widerspricht: einerseits dem Prinzip, dass Strategien immer auf Stärken aufgebaut werden sollten, andererseits dem Prinzip der Konzentration der Kräfte. Sie schlagen daher vor, dass Unternehmen den Schwerpunkt ihrer *strategischen* Investitionen dort setzen sollten, wo interne Stärken auf externe Chancen treffen (SO) und im *operativen* Geschäft darauf achten, Schwächen zu beseitigen, die bei externen Bedrohungen zu negativen Auswirkungen führen könnten (WT; z. B. mangelnde Qualitätsstandards bei immer qualitätsbewussteren Kunden); hingegen aber keine Investitionsschwerpunkte in jenen Bereiche setzen, in denen Stärken und Bedrohungen bzw. Schwächen und Chancen aufeinandertreffen.

Zwei Fragen sollte man sich aus der Verbindung von Umfeld- und Unternehmensanalyse aber jedenfalls stellen:

a. Welche Chancen kann ich mit meinen bestehenden Ressourcen und Fähigkeiten nutzen?
b. Welche Fähigkeiten müssen wir noch aufbauen, um Chancen zu nutzen und Herausforderungen zu begegnen?

Nicht nur die SWOT-Analyse, sondern auch die Anwendung anderer strategischer Instrumente (z. B. die PEST[E]-Analyse) führen häufig zu langen Aufzählungen, denen es oft an **Fokus** fehlt. Obloj (2013) schlägt daher vor, als Ergebnis der Analysephase eine Auswahl von höchstens drei wirklich wichtigen Entwicklungen oder Phänomenen zu treffen, die als „**Angelpunkte**" für die weiteren Entscheidungen über die Entwicklung einer Strategie dienen können.

Beispiel für „Angelpunkte"

Obloj (2013) identifiziert zwei „Angelpunkte" für die Einstiegsstrategie von Apple am Mobiltelefonmarkt: hohe Zuschüsse für Telefone durch die Telekommunikationsanbieter einerseits und die Möglichkeit der Nutzung des Internets über mobile Endgeräte andererseits. Diese Entwicklungen waren vielen bekannt, allerdings zog vorerst nur Apple daraus den Schluss, Smartphones zu entwickeln und diese über den größten Telefonanbieter der USA, AT&T, exklusiv gegen Zahlung einer Lizenzgebühr als Prozentsatz der über dieses Endgerät abgerechneten Telefongebühren anzubieten.

Strategische Optionen und Ziele 6

In einem militärischen Kontext, beim Schachspiel, aber auch in Unternehmen heißt strategisch denken immer auch in Optionen denken. Alternative Zielrichtungen und Vorgangsweisen zu entwickeln und aus Ihnen situationsspezifisch die jeweils beste auswählen zu können, erweitert den Handlungsspielraum eines Unternehmens. Wer sich nur auf eine einzige Richtung festlegt, riskiert, bessere Alternativen außer Acht zu lassen. Optionen können dabei sowohl auf der Ebene des Gesamtunternehmens als auch auf der Geschäftsfeldebene erarbeitet werden. Eine Trennung der Phasen der Entwicklung und der Evaluation strategischer Optionen ist auf jeden Fall zu empfehlen, um auf den ersten Blick für die Branche ungewöhnliche, aber unter sich ändernden Umfeldbedingungen möglicherweise erfolgversprechende Optionen nicht zu früh auszuscheiden.

6.1 Erarbeitung strategischer Optionen auf der Ebene des Gesamtunternehmens

Unternehmen, die in mehreren Geschäftsfeldern tätig sind, müssen sich zuerst überlegen, in welchen Geschäftsfeldern sie überhaupt zukünftig tätig sein bzw. investieren wollen, bevor sie sich mit konkreten strategischen Optionen im jeweiligen Geschäftsfeld auseinandersetzen. Dabei geht es nach Obloj (2013) auch um das **Festlegen der Unternehmensgrenzen** (Wo soll ein Unternehmen tätig sein? Wo nicht mehr?), und zwar hinsichtlich

- der Produkt- bzw. Dienstleistungsdefinition;
- der Definition des Zielmarktes (bzw. der Zielmärkte);
- des geografischen Betätigungsfeldes; sowie
- der Wahl der Distributionstechnologie und -kanäle.

D. Sternad, *Strategieentwicklung kompakt,* essentials,
DOI 10.1007/978-3-658-10367-5_6

Viele Unternehmen diversifizieren in neue Geschäftsfelder, weil sie ihre bestehenden Fähigkeiten in einem anderen Umfeld gewinnbringend einsetzen können, weil sie Chancen in neuen Wachstumsmärkten sehen oder weil sie ihr Risiko so besser verteilen wollen. Sie können dabei zwei „Schnelltests" einsetzen, um zu überprüfen, ob ein Eintritt in ein neues Geschäftsfeld auch tatsächlich Sinn macht (Piskorski 2007):

1. Der **„Besser-dran-Test"**: Ergibt sich aus der Kombination des neuen Geschäftsfeldes mit den bestehenden Geschäftsfeldern ein klarer Vorteil im Wettbewerb bzw. in der Wirtschaftlichkeit der Leistungserstellung? Können zum Beispiel die Produkte gemeinsam günstiger produziert werden? Oder können Fähigkeiten im Vertrieb oder im Management gemeinsam genutzt werden?
2. Der **„Eigentümer-Test"**: Ergeben sich Vorteile, wenn die Geschäftsfelder den gleichen Eigentümer haben? (In diesem Fall sollte weiter über einen Eintritt in ein neues Geschäftsfeld nachgedacht werden) Oder könnten die Vorteile auch dann genutzt werden, wenn es rein vertragliche (Kooperations-)Vereinbarungen gäbe?

Es geht bei beiden Tests um die Nutzung potenzieller **Synergien**, also dem Erzeugen einer höheren Gesamtleistung durch die Kombination zweier oder mehrerer Geschäftsfelder. Synergien können entweder durch die gemeinsame Nutzung von Ressourcen und Fähigkeiten, durch die Integration von Aktivitäten entlang der Wertkette oder durch abgestimmtes Auftreten am Markt genutzt werden (DeWit und Meyer 2004). Während des Strategieentwicklungsprozesses kann die Frage nach möglichen Synergien nicht nur für neue, sondern auch für bereits bestehende Geschäftsfelder gestellt werden.

Wenn sich Unternehmen diversifizieren, entwickeln sie ein **Portfolio** von verschiedenen Geschäftsfeldern. Jedes Geschäftsfeld kann im Rahmen der Strategiearbeit auf seine Attraktivität hin überprüft werden. Die Attraktivität eines Geschäftes ergibt sich aus der Attraktivität der Branche bzw. des Marktes einerseits (Marktgröße, Marktwachstum, „Fünf-Kräfte-Modell" nach Porter, siehe Abschn. 4.1) sowie der Wettbewerbsstärke des eigenen Geschäftsbereichs gegenüber dem Mitbewerb (z. B. relative Marktposition, relative Mitarbeiterqualität, relatives Innovationspotenzial) andererseits. Unternehmen werden sinnvollerweise dort eine höhere Investitionsneigung entwickeln, wo sie Wettbewerbsvorteile in einem sehr attraktiven Marktumfeld entwickeln können. Wenn ein Geschäftsfeld keine wesentlichen Wettbewerbsvorteile hat oder entwickeln kann und gleichzeitig in einem langfristig als sehr schwierig eingeschätzten Markt tätig ist, ist ein Rückzug aus diesem Geschäftsfeld zu überlegen.

Dort, wo sich Chancen auf einem attraktiven Markt ergeben, kann über **Wachstumsstrategien** nachgedacht werden. Wachsen kann ein Unternehmen nach **Ansoff** (1965) grundsätzlich durch eine stärkere Durchdringung des bestehenden Marktes, die Entwicklung neuer Produkte und Dienstleistungen für bestehende Märkte, die Erschließung neuer Märkte mit bestehenden Produkten und Dienstleistung oder die Diversifikation in gänzlich neue Produkt-/Marktkombinationen. Manche Unternehmen entscheiden sich aber auch ganz bewusst gegen eine **Diversifikation** in andere Geschäftsfelder und den damit verbundenen Risiken („Sich-verzetteln", weniger Aufmerksamkeit auf bestehendes Geschäft, Organisations- und Führungsprobleme bei steigender Komplexität) und verfolgen lieber eine **Konzentrationsstrategie**, bei der sie sich auf ein Geschäftsfeld beschränken.

Umsetzen lassen sich diese strategischen Entwicklungsrichtungen entweder durch **„organisches Wachstum"** (aus dem bestehenden Unternehmen heraus), durch Zukäufe von Unternehmen (**Akquisitionsstrategie**) oder gemeinsam mit externen Partnern im Wege einer **Kooperation**. Nicht jedes Unternehmen setzt es sich dabei zum Ziel, quantitativ zu wachsen. Manche bevorzugen es, sich im Rahmen einer **qualitativen Wachstumsstrategie** zu den Besten statt zu den Größten ihrer Branche zu entwickeln.

Im Folgenden werden die wesentlichen Fragen, die sich ein Strategieentwicklungsteam zur Entwicklung strategischer Optionen auf der Ebene des **Gesamtunternehmens** stellen sollte, noch einmal zusammengefasst:

1. Verfolgen wir grundsätzlich eine Differenzierungsstrategie oder konzentrieren wir uns auf eines oder wenige strategische Geschäftsfelder?
2. Gibt es neue Geschäftsfelder, in die wir investieren wollen?
3. Ergeben sich aus der Kombination von (bestehenden und/oder neuen) Geschäftsfeldern Synergien, die genutzt werden können?
4. Welche bestehenden Geschäftsfelder wollen wir halten, ausbauen oder reduzieren?
5. Welche Wachstumsstrategie verfolgen wir?

6.2 Erarbeitung strategischer Optionen auf der Ebene eines Geschäftsfeldes

Für jedes einzelne Geschäftsfeld eines Unternehmens sollte eine klare **Positionierung** erarbeitet werden. Darunter versteht man das bewusste Herausstellen besonderer Charakteristika und Stärken des eigenen Leistungsangebots, um sich mit diesen in der Wahrnehmung der Kunden klar gegenüber den Mitbewerbern abzuheben. Bereits in den 1930er-Jahren sprach der Markenpionier Hans Domizlaff von einer „Sicherung einer Monopolstellung in der Psyche der Verbraucher" (Domizlaff 2005, S. 70).

Für Porter (1980) gibt es drei grundsätzliche Formen der Positionierung, die er **generische Wettbewerbsstrategien** nennt:

1. **Kostenführerschaft**: Durch die Fähigkeit, Leistungen kostengünstiger als die Konkurrenz anzubieten (z. B. aufgrund von Skaleneffekten bei großen Produktionsmengen oder durch einen Technologievorsprung) kann sich ein Unternehmen am Markt über den Preisvorteil positionieren.
2. **Differenzierungsstrategie:** Die Positionierung erfolgt über ein besonderes Leistungsangebot des Unternehmens, welches sich z. B. hinsichtlich Qualität oder Service von anderen Angeboten am Markt deutlich unterscheidet. Voraussetzung für eine solche Positionierung ist das Vorhandensein besonderer Ressourcen oder Fähigkeiten (siehe auch Abschn. 4.2), welche von Mitbewerbern nur schwer zu kopieren sind.
3. **Nischenstrategie**: Das Unternehmen positioniert sich durch das Anbieten spezieller Produkte und Dienstleistungen für einen klar definierten Teilmarkt, dessen Bedürfnisse sich vom Gesamtmarkt deutlich unterscheiden. Die wichtigsten Voraussetzungen für die Verfolgung einer solchen Strategie sind ein gutes Verständnis der Bedürfnisse der Marktnische und die Fähigkeit, dort gute Kundenbeziehungen auf- und auszubauen.

Porter geht davon aus, dass man sich klar für eine dieser Strategien entscheiden sollte, um nicht in eine sogenannte „**stuck in the middle**"-Position zu kommen, in der man mangels eindeutiger Ausrichtung weder eine Konzentration der Kräfte auf ein strategisches Ziel erreichen kann noch ein klares Bild im Bewusstsein der Kunden generiert. Es gibt dennoch Ausnahmefälle, die dem Mischtypus einer „**Hybridstrategie**" zuzuordnen sind, im Rahmen derer sowohl Preisvorteile als auch Differenzierung gegenüber der Konkurrenz angestrebt werden.

Beispiel Hybridstrategie

Das schwedische Möbelhandelshaus IKEA wird oft als Beispiel für eine Hybridstrategie genannt. IKEA versucht, sich als sehr günstiges Möbelhaus mit Preisvorteilen gegenüber dem Wettbewerb zu positionieren. Andererseits werden aber auch skandinavisches Design und ein besonderes Einkaufserlebnis als klare Differenzierungsmerkmale angeboten. Ermöglicht wird das Verfolgen einer Hybridstrategie in diesem Fall durch die Kombination hoher Produktionsmengen mit besonderen Produkt- und Logistikmerkmalen (z. B. optimiertes Design von Möbelbausätzen; Selbstabholung und -montage durch die Kunden) (Johnson et al. 2011, S. 286).

Im Zentrum der Erarbeitung von Positionierungsoptionen steht immer die Frage, in welchem **Zielmarkt** man sich mit welchem **Wertangebot** gegenüber den Mitbewerbern absetzen möchte.

Um bleibende strategische Vorteile zu erzielen, sollte man versuchen, die Definition eines Zielmarktes so vorzunehmen, dass es in diesem Segment möglichst wenig bzw. idealerweise keine Konkurrenz gibt. Die Autoren W. Chan Kim und Renée Mauborgne sprechen in diesem Zusammenhang von einer „**Blue Ocean-Strategie**", bei der versucht wird, durch einem Ausweichen der Konkurrenz (die sich wie Haie in einem „Red Ocean" gegenseitig zerfleischen) und dem Erschließen neuer Märkte bzw. Marktsegmente mit einzigartigen Wertangeboten neue Nachfrage zu schaffen (Kim und Mauborgne 2005).

Nach Kaplan und Norton (2000) können sich Unternehmen in folgenden Bereichen in ihrem **Wertangebot** unterscheiden:

a. Produkt- bzw. Dienstleistungseigenschaften:
   - Preis
   - Qualität
   - Zeit
   - Auswahl
b. Beziehung:
   - Service
   - Kundenbeziehung
c. Image:
   - Marke

Strategische Optionen lassen sich nicht nur marktorientiert anhand des Wertangebotes für die Kunden definieren, sondern auch hinsichtlich der internen Basis für die Schaffung von Kundenwert. Ein Beispiel hierfür ist das Konzept der **strategischen Fokusse**. Miller und Le Breton-Miller (2005) stellten im Rahmen einer Studie fest, dass langfristig besonders erfolgreiche Familienunternehmen in den meisten Fällen einen der folgenden strategischen Fokusse verfolgen, die jeweils auf spezifischen Fähigkeiten aufbauen:

- „**Marken-Erschaffer**" (*engl.* „brand builder") schaffen es, durch ihre ausgeprägte Marketingkompetenz bei ihren Kunden positive Emotionen gegenüber ihren Produkten oder Dienstleistungen zu erzeugen.
- „**Handwerker**" (*engl.* „craftsmen") bauen ihre Strategie auf ihre Fähigkeiten im Bereich der Produktion besonders hochwertiger Produkte und Dienstleistungen auf und bieten ihren Kunden eine hervorragende Leistungsqualität an.
- „**Ausführungs-Spezialisten**" (*engl.* „operators") zeichnen sich durch eine besonders effiziente Gestaltung von Prozessen aus, was ihnen eine Kosten- bzw. Preisführerschaft ermöglicht.
- „**Innovatoren**" (*engl.* „innovators") erzielen ihre Wettbewerbsvorteile dadurch, dass sie in der Lage sind, schneller als die Konkurrenz neue Angebote auf den Markt zu bringen oder die Prozesse zur Leistungserzeugung zu verbessern.
- „**Deal-Maker**" nutzen ihr Netzwerk und ihre Verhandlungsfähigkeiten, um Geschäftschancen besser zu nutzen als andere. Sie bauen ihr Geschäft vor allem auf der Fähigkeit zum Auf- und Ausbau von guten Geschäftsbeziehungen auf.

Zusammenfassend sollten also folgende Fragen geklärt sein (für die jeweils strategische Optionen erarbeitet werden können), um eine **integrierte Geschäftsfeldstrategie** zu beschreiben:

1. Für welche Kundengruppen wollen wir unsere Leistungen anbieten?
2. Welche generische Wettbewerbsstrategie verfolgen wir?
3. Welche Leistungen bieten wir an und was ist das besondere Wertangebot für unsere Kunden?
4. Welchen Strategischen Fokus haben wir bei der Leistungserstellung?

6.3 Evaluation und Auswahl strategischer Optionen

Wie in den Abschn. 5.1 und 5.2 dargestellt, können in verschiedenen Entscheidungsfeldern sowohl auf der Ebene des Gesamtunternehmens als auch des einzelnen Geschäftsfeldes Optionen für strategische Entwicklungslinien erarbeitet werden (siehe dazu auch den Überblick in Abb. 6.1).

Als Mindestanforderung sollte jede strategische Option klare Antworten darauf geben, 1) was das „Operationsgebiet" des Unternehmens sein soll (Welche Produkte und Dienstleistungen werden für welche Zielgruppen über welche Vertriebskanäle angeboten); 2) was das strategische Hauptziel des Unternehmens ist; 3) welche Wettbewerbsvorteil das Unternehmen am Markt ausspielen will (in wel-

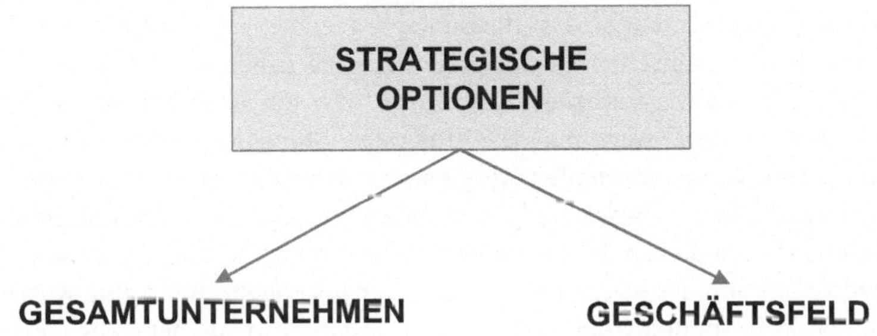

Abb. 6.1 Strategische Optionen im Überblick. (Quelle: Autor)

chen Bereichen des Wertangebots); und 4) was die Quelle dieses Wettbewerbsvorteils (der „strategische Fokus“) ist (Obloj 2013).

Im folgenden Schritt geht es nun darum, aus allen erarbeiteten Optionen jene auszuwählen, deren Erfolgswahrscheinlichkeit am höchsten ist. Johnson et al. (2008) schlagen vor, die strategischen Optionen auf Zweckmäßigkeit, Akzeptanz und Machbarkeit zu prüfen:

- **Zweckmäßigkeit** bedeutet, dass die Strategie geeignet ist, eine Antwort auf die wesentlichen strategischen Herausforderungen zu geben, die im Rahmen der strategischen Analyse erarbeitet worden sind (bzw. die in Abschn. 4.3 beschriebenen strategischen „Angelpunkte" zu nutzen). Strategien erfüllen dann ihren Zweck, wenn sie a) dabei helfen, die Chancen zu nutzen bzw. Bedrohungen abzuwenden, die in der Umfeldanalyse erarbeitet wurden, b) auf den wesentlichen Stärken und Fähigkeiten des Unternehmens aufbauen und c) geeignet sind, den Grundwerten und der Mission des Unternehmens entsprechend eine wesentlichen Schritt in Richtung der Erfüllung der Vision des Unternehmens näher zu kommen.
- **Akzeptanz** bedeutet, dass die Strategie für die Eigentümer (im Sinne der Relation zwischen potenziellem Ertrag und Risiko) und für die weiteren Anspruchsgruppen (*engl.* „stakeholder") des Unternehmens annehmbar sind. Dabei sind zunächst die voraussichtlichen finanziellen Auswirkungen der strategischen Optionen abzuschätzen (mit Umsätzen, Kosten, geplanten Investitionen bzw. Desinvestitionen und Gewinn- und Cash Flow-Erwartungen im mehrjährigen Überblick). Dem sollte aber auch eine Risikoeinschätzung gegenübergestellt werden. Auch Sensitivitätsanalysen machen in diesem Zusammenhang Sinn (z. B. „Was würde passieren, wenn die Umsatzerwartungen um x % verfehlt werden?"). Neben einer akzeptablen Ertrags-Risiko-Relation ist auch die wahrscheinliche Akzeptanz einer Strategie bei wesentlichen Anspruchsgruppen einzuschätzen. Sind Mitarbeiter oder Geldgeber nicht bereit, eine Strategie mitzutragen, oder ist mit massivem Widerstand von anderer Seite (z. B. Politik, Lieferanten, Vertriebspartner, nichtstaatliche Organisationen, Medien) zu rechnen?
- **Machbarkeit** bezieht sich auf das Vorhandensein der notwendigen Ressourcen. Sind genügend finanzielle Mittel vorhanden, um die geplante Strategie umzusetzen? Steht entsprechend qualifiziertes Personal mit den notwendigen Zeitressourcen zur Verfügung? Sind alle wesentlichen Kompetenzen zur Umsetzung der Strategie vorhanden oder können diese zumindest erworben werden (durch Entwicklung, Zukauf oder Kooperation)?

Ein weiteres Kriterium ist die **Verteidigungsfähigkeit** einer strategischen Position, also die Möglichkeit, diese auch gegen mögliche konterkarierende Strategien der Konkurrenz abzusichern. Es stellt sich dabei die Frage, welche Schritte die Mitbewerber als Antwort auf die eigenen strategischen Entscheidungen setzen könnten, und wie sich dadurch die Wettbewerbsdynamik verändern würde.

Wenn die strategischen Optionen auf die Erfüllung dieser vier Kriterien geprüft worden sind, bleibt die endgültige Festlegung einer Strategie dennoch eine

Managemententscheidung, die eines guten Urteilsvermögens bedarf. In der Praxis wird es nämlich fast nie eine strategische Situation geben, in der es nicht Ziel- oder Interessenskonflikte gibt, die eine sorgfältige Abwägung notwendig macht.

Bei einer Auswahl strategischer Optionen ist zudem auch noch auf **Konsistenz** der Strategien untereinander zu achten (Johnson et al. 2008). Nur wenn die einzelnen strategischen Entwicklungsmaßnahmen gut aufeinander abgestimmt sind, kann sich eine starke Gesamtstrategie entwickeln. „Während es bei operativer Effektivität um das Erreichen von Exzellenz in einzelnen Aktivitäten oder Funktionen geht, handelt es sich bei Strategie um die *Kombination* von Aktivitäten", schreibt Michael Porter (1996, S. 70).

Jede Entscheidung für eine bestimmte strategische Richtung ist dabei auch eine bewusste Entscheidung gegen andere Möglichkeiten. Strategische Initiativen binden Ressourcen, die dann an anderer Stelle nicht mehr eingesetzt werden können. Zu berücksichtigen ist auch, dass trotz aller systematischen Analysen und Entscheidungskriterien die Auswahl für eine strategische Option immer auch auf Annahmen über zukünftige Entwicklungen und damit auch zumindest teilweise auf Spekulationen beruht. Daher sollte man Strategien immer als **„Hypothesen"** sehen, also als zwar langfristig angelegte, aber dennoch veränderbare Konzepte, die so lange angewandt werden, bis sie durch andere Konzepte abgelöst werden, die besser dazu geeignet sind, die sich im Marktumfeld ergebenden Chancen optimal zu nutzen (Obloj 2013).

6.4 Formulierung strategischer Ziele

Aufbauend auf der/den strategischen Option(en), für die man sich im voran gegangenen Prozess entschieden hat, hilft eine Formulierung konkreter **strategischer Ziele** dabei, die Organisation in eine klare Richtung zu orientieren. Strategische Ziele beschreiben angestrebte Zustände in der (ferneren) Zukunft. Sie sind langfristig angelegt und sollten idealerweise einen flexiblen Entscheidungsspielraum über die Wege zur Zielerreichung erlauben. Mussnig und Giermaier (2007) beschreiben die richtige Mischung zwischen zu strikter und zu unklarer Formulierung so: „Sie geben Orientierung, engen aber nicht ein." (S. 279)

Strategische Ziele sollten dazu beitragen, die Mission des Unternehmens zu erfüllen und der Vision einen wesentlichen Schritt näher zu kommen (vgl. Abschn. 2 dieses Essentials). Sie bieten den Rahmen für die Formulierung kurz- und mittelfristiger **operativer Ziele**, welche sehr konkret und meist auf der Ebene einzelner Abteilungen oder Unternehmensbereiche angestrebte Ergebnisse anhand von messbaren Indikatoren festlegen. Operative Ziele werden von den strategischen

Zielen abgeleitet und sollten so formuliert werden, dass die Erreichung der operativen Ziele einen klaren Beitrag zur Erreichung der strategischen Ziele leistet.

Wesentlich ist neben der Orientierungs- und Fortschrittskontrollfunktion auch die **Identifikations- und Motivationsfunktion** von Zielen. In der Motivationsforschung wurde festgestellt, dass Ziele eine große Motivationswirkung entfalten können, wenn sie a) konkret und sehr herausfordernd sind, aber gleichzeitig nicht vollkommen unerreichbar scheinen, b) von den für die Zielerreichung Verantwortlichen akzeptiert werden und c) mit Möglichkeiten einer Rückmeldung (Feedback) verbunden sind, welche den Mitgliedern einer Organisation die Möglichkeit gibt, festzustellen, ob sie sich auf dem richtigen Weg zur Zielerreichung befinden (Locke und Latham 1990). Um eine entsprechende Motivationswirkung zu entfalten, ist es wichtig, dass die Ziele einfach und konkret genug formuliert sind, um von den Mitarbeiter/innen klar verstanden und als relevant wahrgenommen zu werden. Es ist aber ebenso wichtig, sich auf so wenige Ziele wie möglich zu konzentrieren, damit diese wirklich auch eine fokussierte Anziehungswirkung entfalten können. Obloj (2013) ist der Meinung, dass es zu jedem Zeitpunkt überhaupt nur ein großes strategisches Ziel geben sollte, um sicherzustellen, dass die Organisation einer klaren Richtung folgen kann.

Strategische Ziele dienen vor allem auch dazu, über die nächsten Jahre hinweg **Prioritäten** zu setzen, insbesondere auch hinsichtlich des Einsatzes von finanziellen und zeitlichen Ressourcen. Die generell langfristige Anlage strategischer Ziele bedeutet aber nicht, dass diese unbedingt über längere Zeiträume hinweg unveränderbar sind oder sein sollen. Ändern sich grundsätzliche Rahmenbedingungen in einer Organisation und/oder ihrem Umfeld, so sollten strategische Ziele wie auch Strategien selbst offen für Anpassungen und Änderungen bleiben.

Planung und Umsetzung strategischer Initiativen

7

Mit dem Begriff **strategische Initiativen** werden einzelne Maßnahmen bzw. üblicherweise Bündel von Maßnahmen zur Erreichung von strategischen Zielen bezeichnet. Müller-Stewens und Lechner (2005) sprechen in diesem Zusammenhang von „Impulsen", welche einen signifikanten Einfluss auf die Entwicklung eines Unternehmens haben können. Beispiele für strategische Initiativen sind der Eintritt in einen neuen Auslandsmarkt, die Entwicklung einer neuen Produktlinie, die Vereinbarung einer Kooperation mit einem anderen Unternehmen, die Nutzung neuer Vertriebskanäle oder die Initiierung eines Bündels von Maßnahmen zur Qualitätssteigerung. Strategische Initiativen sind immer auch mit Ressourcenzuteilungen verbunden. Mit anderen Worten: in sie muss investiert werden.

Nicht alle strategischen Initiativen entstehen im Rahmen eines formellen Strategieentwicklungsprozesses. Oft resultieren diese auch aus der Summe von Entscheidungen, die in einem Unternehmen über die Zeit hinweg getroffen werden. Strategische Initiativen stellen aber ein wichtiges Ergebnis jedes Strategieentwicklungsprozesses dar. Sie sind das wesentliche „Werkzeug", mit dem die Unternehmensführung Strategien zur Umsetzung bringen kann, da die Aktivitäten des Tagesgeschäfts alleine nur selten zur Erreichung größerer strategischer Ziele führen (Probst und Wiedemann 2013).

Zu strategischen Initiativen kommt ein Strategieentwicklungsteam, indem es sich überlegt, mit welchen größeren Maßnahmen ein strategisches Ziel zu erreichen wäre und welche dieser Maßnahmen am effizientesten und wirkungsvollsten sein könnten.

Die Anzahl strategischer Initiativen sollte dabei beschränkt sein, um eine klare Fokussierung der Organisation zu ermöglichen. Probst und Wiedemann (2013) empfehlen maximal vier strategische Initiativen pro strategischem Ziel. Die strategischen Initiativen können dann in einem weiteren Schritt noch (ähnlich wie im Projektmanagement) in ganz **konkrete Aktivitäten bzw. Arbeitspakete** herunter-

D. Sternad, *Strategieentwicklung kompakt,* essentials,
DOI 10.1007/978-3-658-10367-5_7

gebrochen werden, die mit klaren Verantwortlichkeiten, Ressourcenzuordnungen und Terminen versehen werden. Eine klare Aufgaben- und Verantwortungszuordnung ist essentiell für eine wirksame Umsetzung strategischer Initiativen.

7.1 Werkzeuge für die Umsetzung strategischer Initiativen

Es gibt drei **Elemente der Organisationsgestaltung**, die Führungskräften bei der Umsetzung strategischer Initiativen als Werkzeuge dienen können: Organisationsstrukturen, Prozesse und Systeme.

Organisationsstrukturen helfen dabei, Aufgaben, Kompetenzen und Verantwortlichkeiten klar zuzuordnen und damit auch deren Koordination zu erleichtern. Mit Hilfe einer strukturellen Zuordnung lassen sich Aufgaben, die zur Erreichung strategischer Ziele notwendig sind, mit klaren Verantwortlichkeiten versehen. Die Verwirklichung strategischer Initiativen ist oft auch mit einer Änderung von Organisationsstrukturen verbunden.

Die Umsetzung strategischer Initiativen verlangt häufig auch einen Eingriff in die Gestaltung der **Geschäftsprozesse** eines Unternehmens, also in jene Abläufe, die in einer bestimmten Reihenfolge ausgeführt werden, um bestimmte betriebliche Ziele zu erreichen. Wenn es sich um strategische Initiativen handelt, werden dabei vor allem jene erfolgskritischen Geschäftsprozesse betroffen sein, welche eine besonders hohe Relevanz für die Kunden haben bzw. einen wesentlichen Anteil an den Gesamtkosten des Unternehmens haben.

Einen ganz wesentlichen Anteil an der Umsetzung strategischer Initiativen haben **organisationale Systeme**, und dabei insbesondere Informations- und Kontrollsysteme. Mit der Einrichtung solcher Systeme wird sichergestellt, dass die Unternehmensführung zeitnah Informationen über den Fortschritt bei der Zielerreichung bekommt, um gegebenenfalls entsprechende Steuerungs- bzw. Korrekturmaßnahmen setzen zu können.

Ein für die Umsetzung von Strategien häufig genutztes System ist die sogenannte „**Balanced Scorecard**“ (*engl.* für „ausgewogener Berichtsbogen“). Die Grundidee der Balanced Scorecard liegt darin, dass sich die Wertschaffung in einem Unternehmen bzw. der Grad der Umsetzung von Unternehmensstrategien nicht alleine auf finanzielle Kennzahlen reduzieren lassen. Um die Wertschaffung und Strategieumsetzung eines Unternehmens umfassend beurteilen zu können, sollten neben der finanziellen Sicht auch die Qualität und die Entwicklung der Kundenbeziehungen, der internen Unternehmensprozesse und der Entwicklung neuer Potenziale durch Lernen, Innovation und Entwicklung der Mitarbeiter/innen mit berücksichtigt werden. Das von Robert S. Kaplan und David P. Norton entwickelte Steuerungssystem betrachtet ein Unternehmen daher aus vier verschiedenen Blickwinkeln (Kaplan und Norton 1996):

- der Finanzperspektive,
- der Kundenperspektive,
- der Prozessperspektive und
- der Potenzialperspektive.

Für jede dieser Perspektiven „übersetzt" die Balanced Scorecard die Strategie in konkrete Ziele, Messgrößen (strategische Kennzahlen, *engl.* „**key performance indicators**" oder „**KPI**"), zu erreichende Zielgrößen für diese Kennzahlen und Maßnahmen zur Zielerreichung. Die Ziele, Kennzahlen, Zielgrößen (bzw. der Verlauf von Zielwerten über die Zeit hinweg) und Maßnahmen sollen dabei so gewählt werden, dass sie in ihrer Kombination möglichst instrumental für die Erreichung der jeweiligen strategischen Ziele sind.

Die Balanced Scorecard dient dazu, eine Strategie zu **operationalisieren**, also auf ganz konkrete handlungsrelevante Ziele herunterzubrechen. Durch die Berücksichtigung von Leistungskennzahlen (z. B. in der Finanzperspektive) und Frühindikatoren (z. B. in der Potenzialperspektive) wird eine ausgewogene Führung des Unternehmens in Richtung der Erreichung strategischer Ziele ermöglicht (für ein Beispiel siehe Tab. 7.1).

Der Einsatz einer Balanced Scorecard birgt aber auch **Gefahren** in sich. Zu viele Kennzahlen können zu einem „Verzetteln" in vielen Details und zu einem Verlust der strategischen Fokussierung führen. Durch die falsche bzw. nicht strategiekonforme Wahl von Kennzahlen (z. B. indem Zusammenhänge zwischen strategischen Zielen falsch eingeschätzt werden oder indem statt tatsächlich strategierelevanter Kennzahlen solche ausgewählt werden, die ohne großen Aufwand zur Verfügung stehen) kann eine Genauigkeit einer Strategieumsetzung vorgespielt werden, die aber gar nicht in die gewünschte Zielrichtung führt. Die Fixierung auf Kennzahlen kann des Weiteren auch dazu führen, dass „weiche", d. h. nicht in leicht in Kennzahlen fassbare Einflussgrößen auf den Erfolg einer Strategie aus den Augen verloren werden.

Wesentlich für den Erfolg der Einführung einer Balanced Scorecard als Steuerungsinstrument für die Strategieumsetzung ist ein klares Verständnis der **Wirkungszusammenhänge** zwischen den einzelnen strategischen Zielen. Das mit der Entwicklung der Balanced Scorecard betraute Team könnte dazu zum Beispiel die einzelnen Ziele in den Bereichen Finanzen, Kunden, Prozesse und Potenziale zuordnen und anschließend versuchen, herauszufinden, die Erreichung welcher Ziele Voraussetzung bzw. fördernd zur Erreichung welcher anderen Ziele sind.

Tab. 7.1 Beispiel für eine Balanced Scorecard. (Quelle: Autor)

Balanced scorecard

	Strategische Ziele	Kennzahl (KPI)	Zielgröße	Maßnahmen	Verantwortlich
Finanz-perspektive	Stärkeres Umsatz-wachstum als der Mitbewerb	Umsatzwachstum ggü. den drei größten Mitbewerbern 2016–2017	Mindestens 1,1x	Neuorganisation des Vertriebsteams	XY
				Eröffnung und Vermarktung des neuen Webshops	XY
	Liquidität stärken	Debitorenlaufzeit (31.12.2016)	<30 Tage	Strukturiertes Forderungs-management einführen	XY
Kunden-perspektive	Kundenbindung stärken	Verbleibquote 2016–2017	>90 %	Kundenbindungsprogramm	XY
	Servicequalität verbessern	Zufriedenheit mit Service bei Kundenbefragung	Durchschnitt <1.5	Einführung KundenserviceDatenbank	XY
				Erreichbarkeit ausbauen auf 6–22 Uhr	XY
Prozess-perspektive	Termintreue erhöhen	% Eingehaltene Liefertermine	>98 %	Einführung Prozesscontrolling	XY
				Durchlaufzeitanalyse	XY
	Lageroptimierung	Lagerbestände	-25 % ggü. Vorjahr	Just-in-time-Zulieferung einführen	XY
Potenzial-perspektive	Steigerung der Mit-arbeiterzufriedenheit	Mitarbeiterzufriedenheits-index 2016	>85 Punkte	Einführung Vertrauensarbeitszeit	XY
				Einführung potenzialorien-tierte Mitarbeitergespräche	XY
	Ausbau der Füh-rungskompetenzen	Bewertung der Führungs-kräfte im 360°-Review	Durchschnitt <2.0	In-house-Führungslehrgang	XY
				Coachingangebot für Führungskräfte	XY

7.2 Die Gestaltung des Veränderungsprozesses bei der Umsetzung strategischer Initiativen

Strategien konsequent zu verfolgen und umzusetzen bedeutet meist auch, weitreichende organisationale Änderungen anzustoßen und durchzuführen. Dabei geht es nicht nur um die Einführung neuer Strukturen, Prozesse und Systeme, sondern auch um neue Verhaltensweisen, die von Mitarbeitern gefordert werden. Strategien können nur dann wirklich erfolgreich umgesetzt werden, wenn sie nicht nur in Ziele und Kennzahlen abgebildet, sondern von den Mitgliedern einer Organisation auch „gelebt" werden. Um Veränderungsprozesse in die richtige Richtung zu leiten, sollten diese im Rahmen eines **Veränderungsmanagements** (Change Management) gezielt gesteuert und begleitet werden.

Es geht dabei vor allem auch um das **Involvieren der Menschen** in einer Organisation. Änderungen werden von Menschen oft als Bedrohung empfunden, da sie Unsicherheit mit sich bringen, zum Beispiel über zukünftige Aufgaben, Kompetenzen oder Macht- und Einflussstrukturen. Solche Unsicherheiten sollten bewusst adressiert werden.

Eine besondere Rolle kommt in Veränderungsprozessen daher einer guten **Kommunikation** zu. Dabei geht es vor allem auch darum, sich im Rahmen eines Dialogs über Veränderungen und ihre Konsequenzen auszutauschen anstatt neue Strategien einfach nur zu „verkündigen". Um Mitarbeiter/innen in Veränderungsprozesse zu involvieren, muss man ihnen die Möglichkeit geben, sich einzubringen (z. B. in Rahmen von Dialogveranstaltungen und Feedbackrunden). Fragen, die für Mitarbeiter/innen dabei üblicherweise im Vordergrund stehen (auch wenn nicht alle immer explizit ausgesprochen werden), sind:

- Warum sind die Veränderungen notwendig?
- Stellt die Veränderung eine Kritik an meiner/unserer bisherigen Tätigkeit dar?
- Was bedeuten diese Veränderungen für mich persönlich?
- Welchen Beitrag werde ich in diesem Veränderungsprozess leisten müssen?
- Werde ich durch diese Veränderung „gewinnen" oder „verlieren" (z. B. hinsichtlich Arbeitsaufwand, Ansehen oder Macht)?

Wesentlich für eine gelingende Kommunikation in Veränderungsprozessen ist es, Antworten auf diese Fragen geben zu können und ein klares, positives Bild des angestrebten Zukunftszustandes zu zeichnen. Ein **klares Zukunftsbild** kann dabei helfen, die Energie und die Anstrengungen der Mitglieder einer Organisation in die richtige Richtung zu lenken, und damit die erfolgreiche Umsetzung einer Strategie zu ermöglichen.

Im Rahmen von Strategieentwicklungs- und Umsetzungsprozessen werden immer verschiedene Meinungen und Standpunkte aufeinander treffen. Nicht immer werden die Antworten, die man auf strategische Herausforderungen findet, allgemein gültig sein – oft werden sie auch schon schnell überholt sein, besonders in einem sich rasch ändernden Marktumfeld, in dem Wettbewerbsvorteile bestenfalls temporär und meist auch nur auf einen bestimmten Markt eingegrenzt sein können (D'Aveni et al. 2010). Wichtig für das wirksame strategische Management ist es allerdings, nicht aufzuhören, die richtigen Fragen zu stellen. In Tab. 7.2 sind wesentliche Fragestellungen für die einzelnen Phasen des Strategieentwicklungs- und Umsetzungsprozesses in einer Übersicht zusammengefasst. Der Fragekatalog sollte nicht als abschließend betrachtet werden, kann aber als eine grundlegende Orientierungshilfe in Strategieprozessen dienen.

Tab. 7.2 Fragenkatalog zum Strategieentwicklungsprozess. (Quelle: Autor)

1 Strategische Grundfragen	
1.1	Wozu gibt es uns? (Was ist der Daseinszweck unseres Unternehmens) (*Mission*)
1.2	Wie sieht unser Unternehmen in der (fernen) Zukunft idealerweise aus? (*Vision*)
2 Geschäftsdefinition	
2.1	In welchen Geschäftsfeldern und welcher Branche bzw. welche Branchen sind wir tätig? a) Für wen schaffen wir Nutzen/Wert? (Kundengruppe/n) b) Welchen Nutzen/Wert schaffen wir für unsere Kunden? c) Wer kann sonst noch diesen Nutzen/Wert schaffen (mit der gleichen Leistung oder einem Substitut)?
3 Externe Analyse	
3.1	Wie attraktiv ist die Branche, in der unser Unternehmen tätig ist? (*5-Kräfte-Modell von Porter*)
3.2	Wie sieht die Wertschöpfungskette in unserer Branche aus?
3.3	Welche Trends im weiteren Umfeld können unser Geschäft beeinflussen? *(PEST[E]-Analyse)*
3.4	Welche Trends in unserer Branche können unser Geschäft beeinflussen?
3.5	Welche Chancen und Herausforderungen ergeben sich durch die Trends?
4 Interne Analyse	
4.1	Welche besonderen Ressourcen und Fähigkeiten hat unser Unternehmen? *(VRIN)*
4.2	Wie sieht die Wertkette des Unternehmens aus?
4.3	Welche Stärken (Wettbewerbsvorteile) und Schwächen hat das Unternehmen?
4.4	Worin liegt unsere Kernkompetenz?
5 Fazit aus der Verbindung der externen und internen Analyse	
5.1	Welche Chancen können wir mit den bestehenden Ressourcen und Fähigkeiten nutzen?

Tab. 7.2 (Fortsetzung)

5.2	Welche Fähigkeiten müssen wir noch aufbauen, um Chancen zu nutzen und Herausforderungen zu begegnen?
5.3	Welche 1–3 „Angelpunkte“ (besonders hervorstechende Entwicklungen) lassen sich aus der Analysephase identifizieren, auf denen die weitere Strategie „aufgehängt“ werden kann?
6 Erarbeitung der strategischen Optionen auf der Ebene des Gesamtunternehmens	
6.1	In welche Geschäftsfelder wollen wir investieren/desinvestieren? (*Portfoliostrategie*)
6.2	Welche Synergien wollen wir zwischen den einzelnen Geschäftsfeldern nutzen?
6.3	Welche Wachstumsrichtung schlagen wir ein? *(qualitativ/quantitativ, Wachstumsrichtungen nach Ansoff)*
6.4	Wie wollen wir wachsen? *(organisch/Akquisition/Kooperation)*
7 Erarbeitung der strategischen Optionen auf der Ebene des einzelnen Geschäftsfeldes	
7.1	Wer sollte unsere Produkte und Dienstleistungen kaufen? *(Zielgruppen)*
7.2	Welche generische Wettbewerbsstrategie verfolgt unser Unternehmen?
7.3	Welches Wertangebot bieten wir unseren Kunden?
7.4	Wie schaffen wir mehr Wert als andere? *(Strategischer Fokus)*
8 Evaluation der strategischen Optionen	
8.1	Gibt die Option eine Antwort auf die wesentlichen strategischen Herausforderungen? (*Zweckmäßigkeit*)
8.2	Ist die Option in der Risiko-Ertragsrelation bzw. bezüglich der voraussehbaren Stakeholderreaktionen akzeptabel? *(Akzeptanz)*
8.3	Ist die Option mit den vorhandenen oder mit akquirierbaren Ressourcen umsetzbar? *(Machbarkeit)*
8.4	Ist die Option gegenüber vorhersehbaren Reaktionen der Konkurrenz abgesichert? (*Verteidigungsfähigkeit*)
9 Formulierung strategischer Ziele	
9.1	Welche strategischen Ziele wollen wir in den nächsten 3–5 Jahren erreichen?
9.2	Wo soll unser Unternehmensbereich in 10–15 Jahren stehen? *(Vision)*
10 Planung strategischer Initiativen	
10.1	Welche strategischen Initiativen setzen wir, um die strategischen Ziele zu erreichen?
10.2	Mit welchen konkreten Aktivitäten bzw. Arbeitspaketen können die strategischen Initiativen umgesetzt werden?
11 Umsetzung strategischer Initiativen	
11.1	Wer hat welche Aufgaben/Verantwortung?
11.2	Welche Strukturen, Prozesse und Systeme helfen bei der Umsetzungskontrolle? *(Balanced Scorecard, KPIs)*
11.3	Wie gestalten wir den Veränderungsprozess?

Was Sie aus diesem Essential mitnehmen können

- Führt Schritt für Schritt in den Ablauf eines Strategieentwicklungsprozesses ein.
- Verschafft einen Überblick über die wichtigsten Instrumente, die im Rahmen eines Strategieentwicklungsprozesses eingesetzt werden können.
- Stellt wesentliche Fragen, die während der Strategiearbeit beantwortet werden sollten.
- Verdeutlicht die Zusammenhänge zwischen strategischer Analyse, der Entwicklung und Auswahl strategischer Optionen und der Planung und Umsetzung strategischer Initiativen.
- Dient als anwendungsorientierter Leitfaden für Führungskräfte und Strategieentwicklungsteams.

D. Sternad, *Strategieentwicklung kompakt,* essentials,
DOI 10.1007/978-3-658-10367-5

Literatur

Ansoff, I. (1965). *Corporate strategy*. New York: McGraw-Hill.

Barney, J. (1991). Firm resources and sustained competitive advantage. *Journal of Management, 17*(1), 99–120.

D'Aveni, R. A., Dagnino, G. B., & Smith, K. G. (2010). The age of temporary advantage. *Strategic Management Journal, 31*(13), 1371–1385.

DeWit, B., & Meyer, R. (2010). *Strategy: Process, content, context: An international perspective*. 4th ed. Boston: Cengage Learning.

Domizlaff, H. (2005). *Die Gewinnung des öffentlichen Vertrauens: Ein Lehrbuch der Markentechnik*. 7. Aufl. Hamburg: Verlag Marketing Journal.

Hill, T., & Westbrook, R. (1997). SWOT analysis: It's time for a product recall. *Longe Range Planning, 30*(1), 46–52.

Johnson, G., Scholes, K., & Whittington, R. (2008). *Exploring corporate strategy: Text & cases*. 8th ed. Harlow: Financial Times Prentice Hall.

Johnson, G., Scholes, K., & Whittington, R. (2011). *Strategisches Management: Eine Einführung*. 9. Aufl. München: Pearson Education Deutschland.

Kaplan, R. S., & Norton, D. P. (1996). *The balanced scorecard: Translating strategy into action*. Boston: Harvard Business School Press.

Kaplan, R. S., & Norton, D. P. (2000). *The strategy-focused organization: How balanced scorecard companies thrive in the new business environment*. Boston: Harvard Business School Press.

Kim, W. C., & Mauborgne, R. (2005). *Blue ocean strategy: How to create uncontested space and make the competition irrelevant*. Boston: Harvard Business School Press.

Levitt, T. (1960). Marketing myopia. *Harvard Business Review, 38*(4), 45–56.

Locke, E. A., & Latham G. P. (1990). *A theory of goal-setting and task performance*. Englewood Cliffs: Prentice-Hall.

Mintzberg, H. (1978). Patterns in strategy formation. *Management Science, 24*(9), 934–948.

Mintzberg, H., & Waters, J. A. (1985). Of strategies, deliberate and emergent. *Strategic Management Journal, 6*(3), 257–272.

Mintzberg, H., Ahlstrand, B., & Lampel, J. (2005). *Strategy safari: A guided tour through the wilds of strategic management*. New York: Free Press.

D. Sternad, *Strategieentwicklung kompakt,* essentials,
DOI 10.1007/978-3-658-10367-5

Müller-Stewens, G., & Lechner, C. (2005). *Strategisches Management: Wie strategische Initiativen zum Wandel führen*. 3. Aufl. Stuttgart: Schaeffer-Poeschel.

Mussnig, W., & Giermaier, G. (2007). Die Vision als Teil der Grundstrategie. In W. Mussnig (Hrsg.), *Strategien entwickeln und umsetzen: Speziell für kleine und mittelständische Unternehmen* (S. 189–210). Wien: Linde International.

Mussnig, W., & Granig, P. (2007). Strategische Ziele als Teil der Grundstrategie. In W. Mussnig (Hrsg.), *Strategien entwickeln und umsetzen: Speziell für kleine und mittelständische Unternehmen* (S. 275–300). Wien: Linde International.

Mussnig, W., Giermaier, G., & Sitter, A. (2007). Voraussetzungen des Strategieentwicklungsprozesses. In W. Mussnig (Hrsg.), *Strategien entwickeln und umsetzen: Speziell für kleine und mittelständische Unternehmen* (S. 75–105). Wien: Linde International.

Mussnig, W., Hoppe, M., & Rausch, A. (2007a). Die strategische Analyse als Basis der Grundstrategie. In W. Mussnig (Hrsg.), *Strategien entwickeln und umsetzen: Speziell für kleine und mittelständische Unternehmen* (S. 147–188). Wien: Linde International.

Obloj, K. (2013). *The passion and discipline of strategy*. Basingstoke: Palgrave Macmillan.

Piskorski, M. J. (2007). *Choosing corporate and global scope. Harvard Business School Note* Nr. 9-707-496, Boston: Harvard Business School Publishing.

Porter, M. (1980). *Competitive strategy*. New York: Free Press.

Porter, M. (1985). *Competitive advantage*. New York: Free Press.

Porter, M. (1996). What is strategy? *Harvard Business Review, 74*(6), 61–78.

Porter, M. (2008). The five competitive forces that shape strategy. *Harvard Business Review, 86*(1), 78–93.

Probst, G., & Wiedemann, C. (2013). *Strategie-Leitfaden für die Praxis*. Wiesbaden: Springer Gabler.